IL VICOLO CIECO DEI FUFFA GURU TUTTI I PARTICOLARI DEL NEMICO DELLA MANIPOLAZIONE

LUCA DENARO

IL VICOLO CIECO DEI FUFFA GURU TUTTI I PARTICOLARI
DEL NEMICO DELLA MANIPOLAZIONE

Copyright © 2023 LUCA DENARO

Tutti i diritti riservati.

Codice ISBN: **9798320019659**

INTRODUZIONE

I "Fuffa Guru": un'invasione di promesse miracolose

Nell'era digitale, dove l'informazione viaggia a velocità supersonica e la ricerca di certezze è un bisogno primario, ecco emergere una figura enigmatica: il "Fuffa Guru". Un moderno santone, avvolto in abiti di carisma e successo, che dispensa consigli su ogni aspetto della vita, dalla finanza alla spiritualità.

Ma chi sono realmente questi guru moderni? Come hanno conquistato un palcoscenico così ampio, raggiungendo milioni di persone attraverso i social media e canali online? E, soprattutto, quali sono le reali implicazioni di questa dilagante influenza?

CONTENUTI

	Introduzione	i
1	I VOLTI DEL FALSO GURU	Da 03 a 35
2	OMBRA	Da 36 a 46.
3	UN ENIGMA SOCIALE	Da 47 a 55.
4	IL REGNO OSCURO	Da 56 a 63
5	IL FALSO GURU E LE EMOZIONI ALTRUI	Da 64 a 73.
6	LE CREPE NEL REGNO DEI FUFFA GURU	Da 74 a 90.
	CONCLUSIONI	DA 91 A 94.
	INFORMAZIONI SULL'AUTORE	95

FUFFA GURU: OASI DI CERTEZZE IN UN OCEANO DI INCERTEZZA?

Stanco di navigare a vista nel mare magnum dell'incertezza? I Fuffa Guru promettono di essere la tua bussola, guide illuminate che dispensano soluzioni immediate e ricette di successo mirabolante.

Post accattivanti, video ammalianti, webinar che ipnotizzano: i Fuffa Guru tessono una ragnatela di certezze attorno a sé, attirando un pubblico in cerca di una bussola per orientarsi nel labirinto della vita.

Ma non tutto è oro che brilla nella terra dei Fuffa Guru. Dietro la facciata di saggezza e prosperità si celano spesso ombre e insidie:

- Pratiche discutibili che sfiorano il ciarlatanismo.
- Consigli privi di fondamento scientifico, se non dannosi.
- Sfruttamento della vulnerabilità altrui per tornaconto personale.

In questo libro, ci avventureremo in un'esplorazione critica del fenomeno dei Fuffa Guru:

- Smaschereremo le loro contraddizioni e i pericoli che si nascondono dietro le loro promesse miracolose.
- Analizzeremo l'impatto che questa nuova forma di influenza ha sulla società contemporanea.

IL VICOLO CIECO DEI FUFFA GURU TUTTI I PARTICOLARI DEL NEMICO DELLA MANIPOLAZIONE

- Ti forniremo gli strumenti per orientarti con consapevolezza in questo panorama in continua evoluzione.

Preparati a un viaggio che ti sorprenderà, ti incuriosirà e ti farà riflettere.

Scoprirai:
- Le tecniche di persuasione subliminale utilizzate dai Fuffa Guru.
- Come riconoscere le bufale e le fake news che proliferano online.
- Come sviluppare il tuo senso critico per non cadere vittima di ciarlatani e imbroglioni.

Un libro per tutti coloro che desiderano:
- Navigare con sicurezza nel mare magnum dell'informazione.
- Prendere decisioni consapevoli in un mondo dominato dall'incertezza.
- Difendere se stessi e i propri cari dalle insidie dei Fuffa Guru.

Non sei solo. Insieme, possiamo smascherare i Fuffa Guru e costruire un mondo più consapevole e critico.

La tua bussola per orientarti nel labirinto della vita ti aspetta.

Sei pronto a salpare?

CAPITOLO I
I VOLTI DEL FALSO GURU

Dietro la maschera del "Fuffa Guru" si cela un abile manipolatore, un maestro di illusioni che orchestra la sua messinscena con astuzia e precisione.

Come un abile illusionista, il Fuffa Guru ammalia il suo pubblico con promesse di ricchezza sfrenata, successo immediato e felicità senza fine. Le sue parole, intrise di fascino e mistero, stuzzicano la fantasia e cullano le speranze di chi desidera ardentemente un cambiamento nella propria vita.

Ma sotto la patina di superficialità e l'apparente semplicità dei suoi insegnamenti si nasconde una trappola insidiosa. Le sue tecniche di persuasione, studiate a tavolino e spesso basate su principi di psicologia comportamentale, sono volte a indebolire le

IL VICOLO CIECO DEI FUFFA GURU TUTTI I PARTICOLARI DEL NEMICO DELLA MANIPOLAZIONE

difese critiche e a instillare nell'individuo un senso di fiducia cieca e acritica.

Il Fuffa Guru si nutre delle debolezze e delle insicurezze umane. Come un vampiro emotivo, si avvinghia alle paure, alle frustrazioni e ai desideri più reconditi del suo pubblico, offrendo soluzioni miracolose che si rivelano poi illusioni effimere.

La sua abilità nel camuffarsi è disarmante. Si veste con abiti eleganti, ostenta un sorriso smagliante e sfoggia un'aura di successo che abbaglia e confonde. Le sue parole, spesso infarcite di termini tecnici e di gergo pseudoscientifico, assumono un'aria di autorevolezza che disarma il senso critico.

Varie tipologie di fuffa guru

Un esempio lampante è il "Guru della nicchia": si concentra su un argomento specifico, come la nutrizione, la crescita personale o gli investimenti finanziari. Crea un'aura di expertise in quel campo, spesso senza possedere reali competenze o titoli di studio. Propone libri, ebook, corsi online e consulenze individuali a prezzi elevati, dispensando consigli che possono essere inefficaci o addirittura dannosi.

Altro esempio emblematico è il "Venditore di corsi online": promette di insegnare segreti di successo in vari ambiti, dalla seduzione alla gestione del tempo. I suoi corsi, spesso costosi, si basano su tecniche di marketing aggressive e contenuti inconsistenti o di dubbia validità. sfrutta l'ansia di successo e di miglioramento personale per attirare un pubblico vulnerabile.

La figura del "Life coach" è pericolosa per la sua ambiguità. Offre consulenze individuali a prezzi elevati, basandosi su metodi non scientifici e privi di fondamento. Si propone come una figura di supporto e di guida, ma spesso non possiede le competenze necessarie per aiutare le persone a risolvere i loro problemi. Può alimentare dipendenza emotiva e confusione nei suoi clienti.

Non meno preoccupante è l'influencer salutistico: promuove un'idea di salute e benessere basata su teorie pseudoscientifiche e consigli fai da te. Propone prodotti di dubbia efficacia, come integratori alimentari o diete miracolose, sfruttando la credulità e le paure delle persone in materia di salute. Può mettere a rischio la salute dei suoi seguaci con consigli medici errati o pericolosi.

Infine, il "Leader complottista" rappresenta una minaccia per la democrazia e la coesione sociale. Diffonde teorie complottiste e fake news su argomenti di natura politica, sociale o economica. Crea un clima di sfiducia verso le istituzioni e la scienza, alimentando la polarizzazione e la divisione nella società.

Oltre a queste tipologie, esistono diverse altre varianti di Fuffa Guru, che si adattano alle mode del momento e alle specificità del loro target. La loro capacità di attrarre un pubblico numeroso è preoccupante e richiede un'analisi approfondita delle strategie che utilizzano per conquistare la fiducia e la fedeltà dei loro seguaci.

IL VICOLO CIECO DEI FUFFA GURU TUTTI I PARTICOLARI DEL NEMICO DELLA MANIPOLAZIONE

Il guru illuminato: Analisi approfondita

Egli si presenta come un essere superiore, depositario di una conoscenza ancestrale o di una saggezza mistica. Propone soluzioni spirituali per ogni problema, spesso basate su filosofie orientali o new age reinterpretate in modo superficiale e fuorviante. Il suo linguaggio è ricco di termini esotici e rituali suggestivi, creando un'aura di mistero che affascina e disorienta i suoi seguaci.

Caratteristiche e tratti distintivi:

- **Esercita un'autorità carismatica:** Si presenta come un essere superiore, depositario di una conoscenza ancestrale o di una saggezza mistica che lo pone al di sopra del comune mortale.

- **Propone soluzioni spirituali per ogni problema:** Offre una via di fuga dalle difficoltà terrene attraverso la spiritualità, spesso reinterpretando in modo superficiale e fuorviante filosofie orientali o new age.

- **Utilizza un linguaggio ammaliante:** Il suo verbo è ricco di termini esotici, rituali suggestivi e concetti astratti che creano un'aura di mistero e affascinazione.

- **Crea un senso di appartenenza esclusivo:** I suoi seguaci si sentono parte di un gruppo elitario che ha accesso a una conoscenza segreta e superiore.

Strategie e Rischi

Strategie di persuasione e manipolazione:

- **Appello all'emotività:** Sfrutta le paure, le insicurezze e i desideri del pubblico per attirare la sua attenzione e creare un legame emotivo.

- **Creazione di un nemico comune:** Individua un capro espiatorio, come la "scienza materialista" o le "istituzioni corrotte", per unire i suoi seguaci contro un nemico immaginario.

- **Promessa di salvezza e di illuminazione:** Offre la promessa di una vita migliore, di una maggiore consapevolezza e di una connessione con una forza superiore.

- **Tecniche di controllo mentale:** Utilizza tecniche di meditazione, ripetizione di mantra e rituali per indebolire il senso critico e aumentare la suggestionabilità dei suoi seguaci.

Rischi e implicazioni negative:

- **Dipendenza psicologica e isolamento sociale:** I seguaci possono diventare dipendenti dal guru per la loro crescita spirituale e isolati dalle loro relazioni sociali.

- **Sfruttamento economico:** Il guru può approfittare della vulnerabilità dei suoi seguaci per ottenere denaro, beni o favori.

- **Danni psicologici:** Le tecniche di controllo mentale possono causare ansia, depressione e danni alla salute mentale.

- **Diffusione di ideologie nocive:** Il guru può propagandare teorie complottiste, discorsi d'odio e intolleranza.

DIFESA

- **Sviluppare un senso critico:** Non accettare passivamente le affermazioni del guru, ma verificarle con fonti affidabili e dati concreti.
- **Diffidare di promesse miracolose:** Le soluzioni spirituali non sono una panacea per tutti i problemi della vita.
- **Mantenere relazioni sane:** Non isolare le proprie relazioni sociali e cercare il supporto di persone fidate.
- **Segnalare abusi e sfruttamento:** In caso di dubbi o sospetti, denunciare alle autorità competenti eventuali abusi o sfruttamento da parte del guru.
-
  - È importante ricordare che non tutti coloro che si propongono come guide spirituali sono Fuffa Guru. Esistono infatti numerosi leader religiosi e spirituali autentici che offrono un percorso di crescita personale basato su principi etici e di rispetto.
  - La responsabilità di discernere tra guide affidabili e manipolatori spetta in primis al singolo

individuo, che deve essere consapevole dei rischi e delle implicazioni associate alla ricerca di una guida spirituale.
- In un'epoca di incertezza e di ricerca di senso, è fondamentale sviluppare un proprio senso critico e una capacità di discernimento per orientarsi nel panorama delle proposte spirituali e trovare un percorso autentico di crescita e di evoluzione.

Il guru del successo: analisi approfondita

2. Il Guru del Successo:

Promette ricchezza immediata, fama effimera e una vita da sogno a chiunque sia disposto a seguire i suoi insegnamenti. Il suo mantra è basato sulla legge di attrazione e sulla mentalità positiva, spesso sfociando in una visione materialistica e superficiale del successo. Le sue strategie si concentrano su tecniche di visualizzazione e motivazione effimera, senza fornire strumenti concreti per raggiungere obiettivi reali.

Caratteristiche e tratti distintivi:

- **Emana un'aura di successo e di ricchezza:** Si presenta come un esempio vivente dei suoi insegnamenti, ostentando una vita lussuosa e una carriera impeccabile.

- **Promette risultati rapidi e miracolosi:** Propone scorciatoie per il successo, basandosi sulla legge di attrazione e sulla mentalità positiva, senza considerare il duro lavoro e la dedizione necessari per raggiungere obiettivi concreti.

- **Utilizza un linguaggio motivazionale ed energico:** Il suo verbo è ricco di slogan, frasi ad effetto e storie di successo esagerate per attirare l'attenzione e alimentare l'entusiasmo del pubblico.

- **Promuove un'immagine idealizzata del successo:** La sua visione del successo è spesso materialistica e superficiale, focalizzata sul possesso di beni materiali e sull'ottenimento di fama effimera.

Strategie e Rischi

Strategie di persuasione e manipolazione:

- **Appello all'avidità e al desiderio di fama:** Sfrutta i desideri più profondi del pubblico per attirare la sua attenzione e creare un senso di aspirazione.

- **Creazione di un senso di urgenza:** Sottolinea l'importanza di agire subito per non perdere l'occasione di raggiungere il successo.

- **Tecniche di vendita aggressive:** Utilizza tattiche di marketing persuasive per convincere le persone ad acquistare i suoi prodotti o servizi, spesso a prezzi elevati.

- **Promessa di una vita senza problemi:** Offre la falsa illusione che il successo sia facile e immediato, senza ostacoli o difficoltà.

Rischi e implicazioni negative:

- **Frustrazione e delusione:** Le persone che seguono i consigli del Guru del Successo possono sperimentare frustrazione e delusione quando non ottengono i risultati sperati.

- **Sfruttamento economico:** Il Guru del Successo può approfittare della vulnerabilità dei suoi seguaci per ottenere denaro, beni o favori.

- **Danni psicologici:** La pressione a raggiungere il successo può causare ansia, stress e depressione.

- **Diffusione di una visione distorta del successo:** Il Guru del Successo può promuovere una visione materialistica e superficiale del successo, che non tiene conto dei valori etici e della realizzazione personale.

DIFESA

- **Sviluppare un senso critico:** Non accettare passivamente le promesse del Guru del Successo, ma valutare attentamente la sua proposta e i suoi risultati concreti.

- **Diffidare di soluzioni miracolose:** Il successo richiede impegno, dedizione e sacrificio, non scorciatoie o formule magiche.

- **Ricercare informazioni da fonti affidabili:** Consultare esperti e professionisti per ottenere consigli realistici e concreti per raggiungere i propri obiettivi.

- **Focalizzare la propria definizione di successo:** Definire il successo in base ai propri valori e alle proprie priorità, non in base a modelli esterni e superficiali.

IL VICOLO CIECO DEI FUFFA GURU TUTTI I PARTICOLARI
DEL NEMICO DELLA MANIPOLAZIONE

Il guru della salute analisi approfondita

Si autoproclama esperto di benessere e alimentazione, dispensando consigli non verificati e spesso dannosi per la salute. Propone diete miracolose, integratori inefficaci e soluzioni alternative non supportate dalla scienza. Il suo obiettivo è attirare l'attenzione di chi desidera un corpo perfetto o una salute impeccabile, sfruttando la vulnerabilità e le paure legate alla malattia.

Caratteristiche e tratti distintivi:

- **Emana un'aura di competenza e di esperienza:** Si presenta come un esperto di salute e benessere, spesso senza possedere reali competenze mediche o scientifiche.

- **Promette soluzioni rapide e miracolose:** Propone diete drastiche, integratori miracolosi e cure alternative non supportate da prove scientifiche per la salute e il benessere.

- **Utilizza un linguaggio sensazionalistico e allarmistico:** Il suo verbo è ricco di termini tecnici, acronimi e dati pseudoscientifici per confondere e impressionare il pubblico.

- **Promuove un'immagine idealizzata del corpo e della salute:** La sua visione del benessere è spesso superficiale e focalizzata sull'estetica, ignorando l'importanza di una salute olistica e di uno stile di vita equilibrato.

Strategie e Rischi

Strategie di persuasione e manipolazione:

- **Appello alle paure e alle insicurezze:** Sfrutta le paure legate alla malattia, all'invecchiamento e all'imperfezione per attirare l'attenzione e creare un senso di urgenza.

- **Creazione di un nemico comune:** Individua un capro espiatorio, come la "medicina ufficiale" o le "multinazionali farmaceutiche", per unire i suoi seguaci contro un nemico immaginario.

- **Tecniche di marketing aggressive:** Utilizza tattiche di vendita persuasive per convincere le persone ad acquistare i suoi prodotti o servizi, spesso a prezzi elevati.

- **Testimonianze positive:** Propone storie di successo (spesso inventate o esagerate) di persone che hanno seguito i suoi consigli per ottenere risultati miracolosi.

Rischi e implicazioni negative:

- **Danni alla salute:** Le diete drastiche, gli integratori inefficaci e le cure alternative proposte dal Guru della Salute possono causare seri danni alla salute.

- **Sfruttamento economico:** Il Guru della Salute può approfittare della vulnerabilità dei suoi seguaci per ottenere denaro, beni o favori.

- **Diffusione di disinformazione e fake news:** Il Guru della Salute può propagandare teorie senza fondamento scientifico, alimentando la disinformazione e la diffidenza verso la medicina ufficiale.

- **Rifiuto di cure mediche necessarie:** Le persone che seguono ciecamente i consigli del Guru della Salute possono ritardare o rifiutare cure mediche necessarie, con gravi conseguenze per la loro salute.

DIFESA

- **Sviluppare un senso critico:** Non accettare passivamente le affermazioni del Guru della Salute, ma verificarle con fonti affidabili e dati scientifici.

- **Diffidare di soluzioni miracolose:** La salute richiede un impegno costante e uno stile di vita equilibrato, non scorciatoie o formule magiche.

- **Ricercare informazioni da fonti affidabili:** Consultare medici, nutrizionisti e altri professionisti sanitari per ottenere consigli personalizzati e basati su evidenze scientifiche.

- **Focalizzare la propria definizione di salute:** Definire la salute in base al proprio benessere olistico e non solo all'apparenza estetica.

Il guru delle relazioni: Analisi approfondita

Promette di svelare i segreti dell'amore eterno, della felicità di coppia e del successo in campo sentimentale. I suoi consigli si basano su stereotipi di genere e su una visione idealizzata delle relazioni, ignorando la complessità e le sfide della vita di coppia. Le sue strategie si concentrano su tecniche di seduzione manipolative e superficiali, spesso con conseguenze negative per la vita sentimentale dei suoi seguaci.

Caratteristiche e tratti distintivi:

- **Emana un'aura di fascino e di successo:** Si presenta come un esperto di relazioni sentimentali, spesso ostentando una vita amorosa perfetta e invidiabile.

- **Promette soluzioni rapide e miracolose:** Propone formule magiche per conquistare l'amore eterno, risolvere i problemi di coppia e raggiungere la felicità sentimentale.

- **Utilizza un linguaggio romantico e idealistico:** Il suo verbo è ricco di frasi ad effetto, storie d'amore da favola e promesse di un futuro perfetto.

- **Promuove una visione stereotipata delle relazioni:** La sua visione dell'amore è spesso basata su ruoli di genere rigidi e su modelli di coppia idealizzati, ignorando la complessità e la diversità delle relazioni reali.

Strategie e Rischi

Strategie di persuasione e manipolazione:

- **Appello all'insicurezza e alla solitudine:** Sfrutta il desiderio di amore e di connessione delle persone per attirare la loro attenzione e creare un senso di dipendenza.

- **Creazione di un nemico comune:** Individua un capro espiatorio, come la "società moderna" o le "ex partner", per unire i suoi seguaci contro un nemico immaginario.

- **Tecniche di marketing persuasive:** Utilizza tattiche di vendita aggressive per convincere le persone ad acquistare i suoi prodotti o servizi, spesso a prezzi elevati.

- **Testimonianze positive:** Propone storie di successo (spesso inventate o esagerate) di persone che hanno seguito i suoi consigli e trovato l'amore perfetto.

Rischi e implicazioni negative:

- **Danni alla vita sentimentale:** Le tecniche di seduzione manipolative e superficiali proposte dal Guru delle Relazioni possono danneggiare le relazioni e causare sofferenza.

- **Sfruttamento economico:** Il Guru delle Relazioni può approfittare della vulnerabilità dei suoi seguaci per ottenere denaro, beni o favori.

- **Diffusione di stereotipi dannosi:** Il Guru delle Relazioni può propagandare stereotipi di genere e modelli di coppia irrealistici, alimentando la discriminazione e la disuguaglianza.

- **Riduzione della complessità delle relazioni:** Il Guru delle Relazioni offre una visione semplicistica e riduttiva dell'amore, ignorando le sfide e le difficoltà che possono presentarsi nella vita di coppia

DIFESA

- **Sviluppare un senso critico:** Non accettare passivamente le affermazioni del Guru delle Relazioni, ma verificarle con la propria esperienza e con il confronto con persone fidate.

- **Diffidare di soluzioni miracolose:** Le relazioni richiedono tempo, impegno e comunicazione, non scorciatoie o formule magiche.

- **Ricercare informazioni da fonti affidabili:** Consultare psicologi, counselor e altri professionisti per ottenere consigli personalizzati e basati su una conoscenza approfondita delle relazioni umane.

- **Focalizzare la propria definizione di amore:** Definire l'amore in base ai propri valori e alle proprie priorità, non in base a modelli esterni e idealizzati.

Il guro fai da te: Analisi approfondita

E' un individuo comune che si è improvvisato esperto in un determinato campo, sfruttando i social media per diffondere le proprie teorie, spesso prive di fondamento scientifico. Si avvale di un linguaggio semplice e diretto, creando un senso di familiarità con il suo pubblico. Tuttavia, la sua mancanza di competenza e di esperienza può portare a consigli dannosi o fuorvianti.

Caratteristiche e tratti distintivi:

- **Linguaggio semplice e diretto:** Si avvale di un linguaggio colloquiale, comprensibile a tutti, per creare un senso di familiarità e accessibilità con il suo pubblico.

- **Mancanza di competenza e di esperienza:** Non possiede reali conoscenze o titoli di studio nel campo in cui si propone come esperto, basando le sue teorie su opinioni personali e aneddoti inconsistenti.

- **Diffusione di teorie senza fondamento:** Propone teorie pseudoscientifiche, complottistiche o di dubbia validità, sfruttando la credulità e le paure del pubblico.

- **Capacità di intrattenimento:** Utilizza toni accesi, umorismo e contenuti sensazionalistici per attirare l'attenzione e mantenere vivo l'interesse dei suoi seguaci.

Strategie e Rischi

Strategie di seduzione e di manipolazione:

- **Creazione di un nemico comune:** Individua un capro espiatorio, come le "istituzioni corrotte" o la "scienza ufficiale", per unire i suoi seguaci contro un nemico immaginario.

- **Appello alle emozioni:** Sfrutta le paure, le insicurezze e i desideri del pubblico per creare un legame emotivo e alimentare la dipendenza dai suoi contenuti.

- **Tecniche di marketing persuasive:** Utilizza tattiche di vendita aggressive per convincere le persone ad acquistare i suoi prodotti o servizi, spesso a prezzi elevati.

- **Valorizzazione del "fai da te":** Promuove un approccio individualistico e superficiale alla conoscenza, scoraggiando l'approfondimento critico e la ricerca di fonti affidabili.

Rischi e implicazioni negative:

- **Diffusione di disinformazione e fake news:** Le teorie senza fondamento proposte dal "Fuffa Guru" possono alimentare la disinformazione e la diffidenza verso le fonti di informazione affidabili.

- **Danni alla salute e al benessere:** Consigli dannosi o fuorvianti possono avere gravi conseguenze sulla salute fisica e mentale dei suoi seguaci.

- **Polarizzazione sociale:** La creazione di un nemico comune può alimentare la divisione e la conflittualità nella società.

- **Rifiuto di cure mediche necessarie:** La promozione di teorie alternative prive di validità scientifica può portare al rifiuto di cure mediche necessarie.

DIFESA

Come difendersi:

- **Sviluppare un senso critico:** Non accettare passivamente le affermazioni del "Fuffa Guru", ma verificarle con fonti affidabili e dati scientifici.

- **Diffidare di soluzioni miracolose:** La conoscenza richiede studio, approfondimento e confronto, non scorciatoie o facili certezze.

- **Ricercare informazioni da fonti affidabili:** Consultare esperti, professionisti e istituzioni riconosciute per ottenere informazioni accurate e basate su evidenze scientifiche.

- **Mantenere un approccio critico e aperto al confronto:** Non chiudersi in una bolla di informazioni preconfezionate, ma essere disposti a mettere in discussione le proprie convinzioni e ad ascoltare diverse opinioni.

CAPITOLO 2
OMBRA

Un'ombra si allunga sul panorama digitale. Un'ombra che assume diverse forme, ognuna con il suo fascino ammaliante e le sue insidie nascoste. Stiamo parlando dei "Fuffa Guru", figure enigmatiche che si ergono a dispensatori di verità alternative, spesso avvolte in un alone di mistero e di promesse miracolose.

Come esploratori in un labirinto intricato, ci avventuriamo alla scoperta di queste figure sfuggenti, svelando le loro caratteristiche distintive e le strategie di seduzione che utilizzano per attirare e circuire i loro seguaci.

il mistero si infittisce mentre analizziamo le tecniche di seduzione e di manipolazione che questi abili manipolatori utilizzano per conquistare e trattenere i loro seguaci. Scopriremo come la disinformazione, l'appello alle emozioni e la creazione di un nemico comune siano solo alcuni degli strumenti utilizzati per alimentare la dipendenza da false certezze.

IL VICOLO CIECO DEI FUFFA GURU TUTTI I PARTICOLARI
DEL NEMICO DELLA MANIPOLAZIONE

I promettitori di soluzioni rapide

Nel vortice dei Promettitori di Soluzioni Rapide: un enigma avvolto in false promesse

Un'eco di speranza risuona nel labirinto dei "Fuffa Guru". Un'eco che promette di dissolvere le ombre del dubbio e di spianare la strada verso il successo e la felicità in un batter d'occhio. Sono i Promettitori di Soluzioni Rapide, figure ammalianti che ammiccano ai desideri più profondi di chi cerca una via d'uscita immediata dalle proprie sfide.

Come sirene ammaliatrici, attirano i loro seguaci con il canto suadente di soluzioni miracolose e formule magiche. Le loro parole, cariche di enfasi e di promesse roboanti, creano un'illusione irresistibile: quella di poter conquistare i propri sogni senza fatica, senza impegno e in tempi record.

Ma attenzione, viandante del labirinto! Dietro la facciata scintillante di queste promesse si cela spesso un inganno subdolo. Le soluzioni rapide proposte dai "Fuffa Guru" sono spesso superficiali e prive di fondamento, mere illusioni che evaporano al primo contatto con la realtà.

IL VICOLO CIECO DEI FUFFA GURU TUTTI I PARTICOLARI DEL NEMICO DELLA MANIPOLAZIONE

I Promettitori di Soluzioni Rapide assumono diverse forme.

Ci sono quelli che offrono diete miracolose per una forma fisica perfetta in pochi giorni, corsi per diventare ricchi in un attimo o segreti per conquistare l'amore eterno in un battito di ciglia. Tutti loro sfruttano la vulnerabilità e l'urgenza di chi cerca una risposta immediata, offrendo una scorciatoia che si rivela poi un vicolo cieco.

Come difendersi dal loro fascino ammaliante? Come evitare di cadere nella trappola delle false promesse? Il viandante consapevole sa che la vera crescita richiede tempo, dedizione e impegno. Non esistono scorciatoie verso il successo autentico o la felicità duratura.

Diffidate da chi vi promette la luna e le stelle in cambio di un semplice click o di un pagamento rapido. Cercate la sostanza oltre le apparenze, approfondite le proposte con senso critico e verificate le loro fondamenta.

Il mistero si infittisce man mano che ci addentriamo nel labirinto dei "Fuffa Guru". Nel prossimo capitolo, sveleremo le insidie che si nascondono dietro le loro lusinghe e le tecniche di manipolazione che utilizzano per circuire i loro seguaci.

IL VICOLO CIECO DEI FUFFA GURU TUTTI I PARTICOLARI
DEL NEMICO DELLA MANIPOLAZIONE

Nel vortice degli Sfruttatori del Sensazionalismo: un enigma di illusioni e distrazioni

Un'ombra di inquietudine si allunga sul labirinto dei "Fuffa Guru". Un'ombra che si nutre di scandali, di teorie complottistiche e di narrazioni drammatiche, creando un vortice di emozioni che disorienta e confonde. Sono gli **Sfruttatori del Sensazionalismo**, figure enigmatiche che prosperano sulla distrazione e sull'inganno.

IL VICOLO CIECO DEI FUFFA GURU TUTTI I PARTICOLARI DEL NEMICO DELLA MANIPOLAZIONE

Come abili illusionisti, ammaliano il loro pubblico con titoli accattivanti, storie sensazionalistiche e affermazioni apocalittiche. Le loro parole, cariche di enfasi e di mistero, creano un'atmosfera di tensione e di suspense che impedisce di ragionare lucidamente.

La loro abilità nel generare scalpore è pari solo alla loro disonestà intellettuale. Non si curano della verità, ma solo di catturare l'attenzione e alimentare la macchina dei click e delle condivisioni. Più la loro storia è drammatica, più il loro inganno è efficace.

Sfruttatori del Sensazionalismo

Gli Sfruttatori del Sensazionalismo assumono diverse forme. Ci sono quelli che propugnano teorie complottistiche su eventi globali, quelli che diffondono fake news per seminare il caos e la discordia, e quelli che sfruttano tragedie e disastri per ottenere visibilità e consenso.

Come difendersi dal loro fascino oscuro? Come evitare di cadere nella trappola delle loro illusioni? Il viandante consapevole sa che la verità non si nasconde dietro titoli altisonanti o storie drammatiche.

Cercate la fonte delle informazioni, verificate i fatti e confrontate diverse opinioni prima di cedere alla tentazione del sensazionalismo. Siate critici e diffidenti di chi cerca di sfruttare le vostre emozioni per i propri scopi.

IL VICOLO CIECO DEI FUFFA GURU TUTTI I PARTICOLARI
DEL NEMICO DELLA MANIPOLAZIONE

I monetizzatori dei consigli discutibili

Un'ombra di avidità si allunga sul labirinto dei "Fuffa Guru". Un'ombra che si nutre del desiderio di ricchezza e di successo facile, sfruttando la vulnerabilità e le speranze di chi cerca una via d'uscita dalle proprie difficoltà. Sono i **Monetizzatori di Consigli Discutibili**, figure enigmatiche che si arricchiscono sulle debolezze altrui.

Come abili mercanti di illusioni, ammaliano il loro pubblico con promesse di ricchezza rapida, successo garantito e una vita da sogno. I loro corsi costosi, le consulenze esclusive e i prodotti miracolosi sono presentati come la chiave per accedere a un futuro radioso, senza impegno e senza fatica.

La loro abilità nel vendere fumo è pari solo alla loro disonestà intellettuale. Non si curano del benessere dei loro seguaci, ma solo del proprio tornaconto personale. Più le loro promesse sono esagerate, più il loro inganno è efficace.

IL VICOLO CIECO DEI FUFFA GURU TUTTI I PARTICOLARI DEL NEMICO DELLA MANIPOLAZIONE

I Monetizzatori di Consigli Discutibili assumono diverse forme. Ci sono quelli che vendono corsi per diventare milionari in pochi mesi, quelli che promettono di farti conquistare l'amore eterno con una semplice formula magica e quelli che offrono soluzioni miracolose per qualsiasi problema, dalla salute alla felicità.

IL VICOLO CIECO DEI FUFFA GURU TUTTI I PARTICOLARI
DEL NEMICO DELLA MANIPOLAZIONE

la punta dell'icerbag

Un brivido di inquietudine percorre la schiena del viandante. L'ombra dei "Fuffa Guru" si allunga, mostrando i suoi tentacoli ingannevoli e le sue insidie nascoste. Nel capitolo precedente, abbiamo solo intravisto la punta dell'iceberg di questo mondo complesso e controverso.

Prossimamente, il viaggio si farà più intenso e rivelatore. Ci addentreremo nei meandri della psiche dei "Fuffa Guru", svelando le loro motivazioni recondite, le tecniche di manipolazione subdole e le conseguenze nefaste delle loro pratiche.

Esploreremo le ragioni profonde dell'ascesa di queste figure enigmatiche. Cosa alimenta il loro bisogno di potere e di controllo? Quali sono le debolezze umane che sfruttano per circuire i loro seguaci? E quali sono i danni che causano alla società nel suo insieme?

IL VICOLO CIECO DEI FUFFA GURU TUTTI I PARTICOLARI DEL NEMICO DELLA MANIPOLAZIONE

La posta in gioco è alta. La disinformazione, la manipolazione e la dipendenza da false certezze possono erodere la fiducia nelle istituzioni, alimentare la divisione sociale e ostacolare il progresso individuale e collettivo.

In questo viaggio, il viandante consapevole imparerà a riconoscere i "Fuffa Guru" sotto le loro diverse spoglie, a sviluppare un senso critico acuto e a difendersi dalle loro lusinghe ingannevoli.

CAPITOLO 3
UN ENIGMA SOCIALE

Nel frastagliato paesaggio della società contemporanea, assistiamo a un fenomeno in continua crescita e misteriosamente affascinante: l'ascesa dei "Fuffa Guru". Questi maestri dell'inganno e dell'illusione, dalle promesse irrealistiche e dalle pratiche dubbie, sembrano emergere come figure di riferimento sempre più popolari e influenti tra le masse desiderose di risposte facili e soluzioni rapide.

Ma come è possibile che i "Fuffa Guru" abbiano conquistato un così vasto seguito e un'influenza così pervasiva nella società odierna? La risposta risiede in una complessa interazione di vari fattori sociali, culturali ed emotivi che hanno tessuto la tela perfetta per l'emergere di queste figure enigmatiche.

Sotto la lente

1. Disinformazione dilagante: L'era digitale ha democratizzato l'accesso all'informazione, ma ha anche creato un terreno fertile per la disinformazione e le fake news. I "Fuffa Guru", abili manipolatori del web, sfruttano questa confusione per diffondere le loro teorie senza fondamento, creando un'eco di false certezze che risuona nelle camere d'eco online.

2. Sfiducia nelle istituzioni: Scandali politici, corruzione e inefficienza hanno eroso la fiducia del pubblico nelle istituzioni tradizionali. In questo contesto di incertezza, i "Fuffa Guru" si propongono come alternative credibili, offrendo una visione del mondo semplice e rassicurante, seppur distorta dalla realtà.

3. Bisogno di appartenenza: L'individualismo dilagante e la sensazione di solitudine spingono molti individui a cercare un senso di appartenenza e di connessione. I "Fuffa Guru" creano comunità virtuali e reali, offrendo un senso di identità e di cameratismo che appaga il bisogno di sentirsi parte di un gruppo.

4. Desiderio di soluzioni facili: In una società che celebra il successo effimero e la gratificazione immediata, i "Fuffa Guru" si propongono come dispensatori di soluzioni miracolose, promettendo ricchezza, successo e felicità senza fatica o impegno.

5. Vulnerabilità emotiva: Le sfide e le incertezze della vita quotidiana possono rendere le persone vulnerabili a messaggi di speranza e di rassicurazione. I "Fuffa Guru", esperti di manipolazione emotiva, sfruttano queste debolezze per circuire i loro seguaci, creando un legame di dipendenza emotiva.

Oltre l'illusione

L'ascesa dei "Fuffa Guru" è un fenomeno complesso che richiede un'analisi approfondita e una risposta consapevole. Solo comprendendo le radici profonde di questo enigma sociale potremo sviluppare gli strumenti necessari per contrastare la disinformazione, promuovere il pensiero critico e difendere la nostra società dalle insidie dell'inganno e dell'illusione.

Rimanere sintonizzati per la prossima tappa di questo viaggio. La conoscenza è la chiave per liberarsi dalle lusinghe dei "Fuffa Guru" e costruire un futuro basato sulla verità, sul senso critico e sulla consapevolezza.

IL VICOLO CIECO DEI FUFFA GURU TUTTI I PARTICOLARI DEL NEMICO DELLA MANIPOLAZIONE

Uno dei motivi chiave dietro l'ascesa dei "Fuffa Guru" è la crescente ricerca di senso e significato in un mondo sempre più caotico e frammentato. In un'epoca caratterizzata da incertezza e instabilità, molti individui si rivolgono a queste figure carismatiche in cerca di conforto, direzione e una bussola morale. I "Fuffa Guru" offrono una visione semplificata e rassicurante della realtà, promettendo una via d'uscita dai dilemmi esistenziali e una guida verso l'illuminazione e il successo.

I social network

Un'ombra digitale si allunga sul labirinto. Un'ombra che si nutre di disinformazione, di illusioni e di false speranze. I "Fuffa Guru", abili tessitori di inganni, hanno trovato nei social media e nelle piattaforme online il terreno fertile per la loro proliferazione.

Come ragni al centro di una tela virtuale, attirano i loro seguaci con il canto suadente di facili risposte e soluzioni miracolose. I loro post, carichi di enfasi e di promesse ammalianti, si diffondono come un virus contagioso, infettando le menti e i cuori di chi cerca una via d'uscita dalle proprie difficoltà.

I sistemi di raccomandazione dei social media, progettati per massimizzare l'engagement e il tempo trascorso sulla piattaforma, amplificano la voce dei "Fuffa Guru". I loro contenuti, spesso sensazionalistici e controversi, attirano l'attenzione degli utenti e vengono proposti con insistenza, creando un'eco di disinformazione che diventa difficile da ignorare.

IL VICOLO CIECO DEI FUFFA GURU TUTTI I PARTICOLARI DEL NEMICO DELLA MANIPOLAZIONE

Disinformazione mascherata

Le piattaforme online favoriscono la creazione di comunità virtuali in cui le opinioni e le convinzioni si rafforzano a vicenda. I "Fuffa Guru" creano queste camere d'eco, isolando i loro seguaci da informazioni contrastanti e rafforzando il loro controllo su di loro.

I "Fuffa Guru" utilizzano tecniche di marketing sofisticate per mascherare la disinformazione come verità. Fake news, teorie complottistiche e dati manipolati vengono diffusi con l'obiettivo di confondere e disorientare il pubblico, rendendolo più vulnerabile alle loro lusinghe.

Molti "Fuffa Guru" assumono le vesti di influencer, sfruttando la loro fama e il loro seguito per promuovere prodotti, servizi o ideologie discutibili. La loro influenza può essere particolarmente pericolosa quando si rivolge a un pubblico giovane e impressionabile.

La diffusione dei "Fuffa Guru" online rappresenta una minaccia per la società. La disinformazione, la manipolazione e la dipendenza da false certezze possono erodere la fiducia nelle istituzioni democratiche, alimentare la divisione sociale e ostacolare il progresso individuale e collettivo.

Riflesso di incertezze della società

L'ombra dei "Fuffa Guru" si allunga, rivelando un inquietante ritratto della società contemporanea. Un ritratto di incertezza, di disillusione e di fame di certezze assolute. L'ascesa di queste figure carismatiche non è solo un fenomeno sociale e culturale, ma un riflesso delle nostre profonde necessità e insicurezze.

Come uno specchio oscuro, i "Fuffa Guru" ci rimandano indietro un'immagine distorta di noi stessi, amplificando le nostre paure, le nostre speranze e i nostri desideri più reconditi. Ci offrono una via di fuga dalla complessità del mondo reale, un rifugio sicuro nel quale sentirci rassicurati e protetti.

Ma a quale prezzo?

IL VICOLO CIECO DEI FUFFA GURU TUTTI I PARTICOLARI DEL NEMICO DELLA MANIPOLAZIONE

Effetti dirompenti:

1. Erosione del senso critico: La disinformazione e le fake news diffuse dai "Fuffa Guru" minano la capacità di discernere la verità dalla menzogna, creando un terreno fertile per la creduloneria e la manipolazione.

2. Polarizzazione sociale: Le comunità virtuali create dai "Fuffa Guru" si trasformano in camere d'eco, dove le opinioni divergenti vengono censurate e la divisione sociale si alimenta.

3. Danni alla salute mentale: Le false promesse e le illusioni create dai "Fuffa Guru" possono generare frustrazione, ansia e depressione quando la realtà non corrisponde alle aspettative create.

4. Minaccia alla democrazia: La diffusione di teorie complottistiche e disinformazione può erodere la fiducia nelle istituzioni democratiche e ostacolare il processo decisionale basato su fatti e dati concreti.

L'ascesa dei "Fuffa Guru" è un campanello d'allarme che ci invita a riflettere sulle nostre fragilità e sulle nostre responsabilità. È un invito a coltivare il senso critico, a ricercare la verità e a difendere la nostra democrazia.

CAPITOLO 4
IL REGNO OSCURO

Un brivido di terrore percorre la schiena del viandante mentre varca la soglia del regno dei "Fuffa Guru". Un regno ammantato di mistero e inganno, dove le promesse luccicano come gemme false e la verità si dissolve come nebbia al sole.

In questo labirinto di illusioni, i "Fuffa Guru" tessono le loro insidie, circuendo i loro seguaci con lusinghe e false speranze. Come abili predatori, individuano le debolezze e le insicurezze delle loro prede, offrendo loro soluzioni miracolose a problemi profondi.

Ma dietro la maschera di benevolenza si cela un volto oscuro. I "Fuffa Guru" non sono altro che abili manipolatori, mossi da un'avidità insaziabile. Il loro unico obiettivo è sfruttare la vulnerabilità dei loro seguaci per arricchirsi alle loro spalle.

Le trappole dell'inganno

1. Illusioni di ricchezza e successo: Promettono guadagni facili e fama effimera, utilizzando testimonials fasulli e storie di successo inventate per attirare l'attenzione di chi desidera una vita migliore.

2. False soluzioni per la salute e il benessere: Offrono prodotti miracolosi e cure alternative prive di fondamento scientifico, alimentando false speranze e ritardando l'accesso a cure mediche adeguate.

3. Dipendenza emotiva e psicologica: Creano un clima di dipendenza, isolando i loro seguaci dalle loro famiglie e dai loro amici e offrendo loro un senso di appartenenza illusorio.

4. Manipolazione finanziaria: Induriscono i loro seguaci a versare somme ingenti per corsi costosi, prodotti inefficaci o consulenze inutili, approfittando della loro fiducia e vulnerabilità.

Le conseguenze devastanti:

1. Danni emotivi e psicologici: Frustrazione, depressione, ansia e senso di colpa possono affliggere coloro che cadono vittima dei "Fuffa Guru", vedendo infrante le loro speranze e dilapidati i loro risparmi.

2. Isolamento sociale: La dipendenza dai "Fuffa Guru" può portare all'isolamento dalle relazioni familiari e amicali, creando un clima di solitudine e di diffidenza.

3. Danni finanziari: Perdite economiche ingenti possono compromettere la stabilità finanziaria delle famiglie e dei loro membri, con ripercussioni negative sul loro tenore di vita.

4. Erosione della fiducia nelle istituzioni: La disinformazione e le fake news diffuse dai "Fuffa Guru" possono minare la fiducia nelle istituzioni scientifiche e mediche, ostacolando il progresso sociale e la ricerca della verità.

IL VICOLO CIECO DEI FUFFA GURU TUTTI I PARTICOLARI DEL NEMICO DELLA MANIPOLAZIONE

Effetto emotivo dei fuffa guro

Un'ombra gelida avvolge il cuore del viandante mentre si addentra nel regno oscuro dei "Fuffa Guru". In questo labirinto di illusioni, le emozioni diventano l'arma più potente nelle mani di questi abili manipolatori.

Come serpenti velenosi, i "Fuffa Guru" iniettano il loro veleno nelle vene dell'anima, seducendo con promesse di cambiamenti epocali e trasformazioni rapide. Sfruttano le debolezze e le insicurezze dei loro seguaci, offrendo loro un rifugio illusorio dalla complessità della vita reale.

Ma dietro le loro parole ammalianti si cela una trappola insidiosa. I consigli vuoti e le false speranze alimentano la delusione e l'insoddisfazione, minando la fiducia e l'autostima di coloro che si affidano a loro.

Il raggiro camuffato da salvezza:
I "Fuffa Guru" come abili manipolatori:
- **Predatori di debolezze:** Individuano le paure, le ansie e i desideri più profondi dei loro seguaci.
- **Lusinghe avvelenate:** Sfruttano le vulnerabilità per circuire e controllare i loro seguaci.
- **False promesse di redenzione:** Offrono un rifugio illusorio dalla complessità della vita reale.

Le armi del raggiro:
- **Sfruttamento emotivo:** Creano un legame di dipendenza emotiva, isolando i seguaci dalle loro reti di supporto reali.
- **Promesse miracolose:** Illudono con soluzioni immediate a problemi complessi.
- **Controllo subdolo:** Influenzano le decisioni e i comportamenti dei seguaci, privandoli della loro autonomia.

IL VICOLO CIECO DEI FUFFA GURU TUTTI I PARTICOLARI
DEL NEMICO DELLA MANIPOLAZIONE

Anima mente e cuore a rischio

Ma non è solo l'anima a essere vulnerabile all'influenza nefasta dei "Fuffa Guru". La mente, simile a una spugna assetata di conoscenza e saggezza, rischia di essere avvelenata da teorie superficiali e pratiche discutibili propugnate da questi sedicenti guru. L'adesione acritica a dogmi infondati e consigli non verificati può minare la salute mentale e il senso critico dei seguaci, conducendoli lungo un sentiero oscuro di confusione e dipendenza da pseudo-sapienza.

Impatto finanziario

E non dimentichiamo l'aspetto più tangibile degli effetti dei "Fuffa Guru": l'impatto finanziario. Attraverso corsi costosi, consulenze esclusive e prodotti miracolosi, questi ciarlatani della modernità trasformano i sogni in profitti, arricchendosi sulle spalle di seguaci desiderosi di migliorarsi. Tuttavia, il prezzo da pagare per un'adesione acritica e cieca ai consigli dei "Fuffa Guru" può essere altissimo, con perdite finanziarie e debiti accumulati che minacciano di trascinare nel baratro dell'insolvenza coloro che si fidano troppo ciecamente delle loro parole.

Il labirinto oscuro

Nel labirinto oscuro del regno dei "Fuffa Guru", la nebbia dell'illusione inizia a diradarsi. Le loro false promesse e i loro inganni subdoli vengono smascherati, rivelando la cruda realtà delle loro macchinazioni.

Come abili illusionisti, i "Fuffa Guru" tessono una tela di menzogne e distorsioni per circuire i loro seguaci. Manipolano le emozioni, sfruttano le debolezze e offrono soluzioni miracolose a problemi complessi.

Nel prossimo capitolo, gettiamo uno sguardo più approfondito sugli inganni e le conseguenze dei "Fuffa Guru" sulle vite e sulle menti di coloro che si affidano a loro. Affilati le vostre armi di discernimento e preparatevi a svelare i misteri e le insidie nascoste di coloro che promettono tutto, ma offrono solo illusione: i "Fuffa Guru".

CAPITOLO 5
IL FALSO GURU E LE EMOZIONI ALTRUI

Immaginate un palcoscenico sgargiante, illuminato da luci abbaglianti. Al centro, ammantato di fascino e sicurezza, si erge il Fuffa Guru, un moderno ciarlatano che tesse ragnatele di parole ammalianti. La sua voce suadente promette certezze in un mondo incerto, elisir miracolosi per anime smarrite.

Ai suoi piedi, un pubblico eterogeneo attende con trepidante speranza. C'è chi cerca una risposta ai dubbi che tormentano la sua esistenza, chi desidera ardentemente una formula magica per il successo, chi anela a sentirsi parte di una comunità che lo comprenda e lo accetti.

Il Fuffa Guru sa come giocare con le loro

emozioni. Con abile maestria, stuzzica la loro vulnerabilità, alimenta le loro paure, amplifica i loro desideri. Le sue parole, spesso prive di fondamento scientifico ma cariche di enfasi emotiva, risuonano come un canto di sirena in un mare di incertezza.

Evitiamo il teatrino dei Fuffa Guru e cerchiamo la vera luce altrove.

Dietro la facciata di saggezza e altruismo, però, si cela un'anima oscura. Il Fuffa Guru non è un benefattore, ma un abile manipolatore. La sua unica vera motivazione è la brama di potere e di profitto.

L'adorazione acritica del suo pubblico è il suo nutrimento. Più seguaci ha, più potere accumula, più denaro incassa. La sua fame è insaziabile, e non si fermerà davanti a nulla per ottenere ciò che desidera.

In questo teatrino grottesco, le emozioni umane diventano merce di scambio. La speranza, la fiducia, il bisogno di appartenenza vengono sfruttati senza pietà per arricchire un individuo senza scrupoli.

Ma la verità non può essere nascosta per sempre. La maschera del Fuffa Guru prima o poi cadrà, rivelando l'inganno e la menzogna che si celano dietro le sue false promesse.

Noi, spettatori consapevoli, abbiamo il dovere di smascherare questi ciarlatani. Dobbiamo difendere la nostra integrità intellettuale e la nostra libertà di scelta. Dobbiamo rifiutare di essere ingannati da chi specula sulle nostre debolezze. Insieme, possiamo spegnere le luci del loro teatrino e far trionfare la ragione. Non lasciamo che la speranza diventi merce di scambio. Non permettiamo a nessuno di sfruttare le nostre emozioni per tornaconto personale. Riprendiamo il controllo della nostra vita. Scegliamo la consapevolezza, la critica, la libertà.

Manifestazione distorta

Immaginate un regno opulento, dove le parole luccicano come oro e la fama risuona come una melodia incantatrice. In questo regno regnano i Fuffa Guru, figure enigmatiche ammantate di un'aura di saggezza e successo.

Dietro il sipario dorato della loro opulenza, però, si agitano ombre inquietanti. La loro sete di monetizzazione non è solo un banale desiderio di ricchezza materiale. È un'insaziabile fame di riconoscimento, un bisogno spasmodico di sentirsi speciali, unici e indispensabili.

In un mercato affollato di consiglieri e insegnanti, i Fuffa Guru combattono per emergere dalla massa. La loro moneta di scambio non è solo il denaro, ma la fiducia e la devozione dei loro seguaci. Più seguaci hanno, più il loro ego si gonfia, più la loro voce risuona potente nel frastuono del web.

IL VICOLO CIECO DEI FUFFA GURU TUTTI I PARTICOLARI DEL NEMICO DELLA MANIPOLAZIONE

Le loro promesse assumono la forma di elisir miracolosi, di scorciatoie dorate verso il successo. Offrono certezze in un mondo incerto, conforto in un mare di dubbi. Sono abili manipolatori di emozioni, abili tessitori di ragnatele di illusioni.

Ma attenzione! Dietro la maschera di saggezza e altruismo si cela spesso un inganno ben architettato. Le loro parole, spesso prive di fondamento scientifico, sono confezionate con cura per stuzzicare la vulnerabilità, alimentare le paure e amplificare i desideri del loro pubblico.

Il suo ego fragile
La monetizzazione diventa lo strumento per nutrire il loro ego fragile e insaziabile. Più follower comprano i loro prodotti, più corsi seguono, più webinar ascoltano, più il Fuffa Guru si sente potente e venerato.

È una danza macabra, un gioco di potere perverso che sfrutta le speranze e i sogni di chi cerca una via d'uscita. Un barlume di luce nell'oscurità dell'incertezza.

Ma la verità non può essere nascosta per sempre. Le ombre che si agitano dietro il sipario dorato prima o poi emergeranno alla luce del sole.

Noi, spettatori consapevoli, abbiamo il dovere di smascherare questi ciarlatani. Dobbiamo difendere la nostra integrità intellettuale e la nostra libertà di scelta. Dobbiamo rifiutare di essere ingannati da chi specula sulle nostre debolezze.

Il bisogno di appartenenza

Allo stesso tempo, i seguaci dei "Fuffa Guru" sono spinti da un bisogno altrettanto primario: il desiderio di appartenenza e connessione con qualcuno che prometta di risolvere i loro problemi e guidarli verso la felicità e il successo. In un'era caratterizzata dalla solitudine e dall'isolamento emotivo, molti individui si aggrappano alla figura del "Fuffa Guru" come a un'ancora di salvezza, sperando di trovare conforto e direzione in un mondo tumultuoso e incerto. La monetizzazione diventa quindi un simbolo di impegno e fedeltà verso il maestro, un modo per mostrare apprezzamento e gratitudine per la presunta saggezza e guida offerta.

Sfruttamento

Oltre il velo scintillante della monetizzazione, si cela un abisso oscuro e insidioso. Un regno dove le speranze e i sogni più cari vengono sfruttati senza pietà per arricchire i Fuffa Guru, a spese del benessere e della stabilità finanziaria di coloro che li seguono con cieca fiducia.

In questo regno, le promesse miracolose si trasformano in incubi. Le scorciatoie dorate verso il successo conducono a vicoli ciechi di frustrazione e delusione. La monetizzazione diventa l'arma con cui i Fuffa Guru soggiogano e manipolano le loro vittime, prosciugando le loro risorse finanziarie e alimentando un senso di inadeguatezza e impotenza.

Le loro parole, ammantate di un'aura di saggezza e altruismo, celano un inganno ben architettato. Sfruttano le debolezze e le insicurezze umane, tessendo ragnatele di illusioni che intrappolano i più vulnerabili.

IL VICOLO CIECO DEI FUFFA GURU TUTTI I PARTICOLARI DEL NEMICO DELLA MANIPOLAZIONE

Coloro che cadono nella trappola dei Fuffa Guru si ritrovano in un vortice di false speranze e promesse infrante. Perdono tempo, denaro e, soprattutto, la fiducia in se stessi e nelle loro capacità.

Ma la loro avidità non conosce limiti. Non si accontentano di sfruttare la vulnerabilità altrui; bramano il controllo totale, l'adorazione acritica dei loro seguaci.

I Fuffa Guru sono abili manipolatori, esperti di marketing e comunicazione. Sanno come toccare le corde emotive del loro pubblico, come stuzzicare i loro desideri più profondi e come alimentare le loro paure.

Creano un'illusione di appartenenza, di complicità, di esclusività. I loro seguaci si sentono parte di una comunità speciale, di un gruppo di eletti che ha accesso a una conoscenza segreta e preziosa.

Ma la realtà è ben diversa. Sono solo pedine in un gioco di potere perverso, sfruttati per il tornaconto personale dei Fuffa Guru.

CAPITOLO 6
LE CREPE NEL REGNO DEI FUFFA GURU

Nel teatro dell'inganno e della seduzione, dove i "Fuffa Guru" regnano con carisma e promesse mirabolanti, i primi tuoni di critica iniziano a scuotere le fondamenta del loro regno. Le crepe, dapprima sottili come fili di seta, si allargano a vista d'occhio, rivelando la natura effimera delle loro illusioni.

Le loro parole, un tempo ammantate di un'aura di saggezza e infallibilità, ora risuonano vuote e inconsistenti. Le pratiche dubbie, celate dietro la facciata di progresso e innovazione, vengono smascherate come inganni ben architettati per sfruttare la fiducia e la vulnerabilità dei loro seguaci.

Un coro di voci critiche si alza, in un crescendo di indignazione e

denuncia. Esperti, studiosi e persone comuni, un tempo ammaliati dalle sirene del successo facile e delle soluzioni immediate, ora si ergono a difensori della verità e della ragione.

I "Fuffa Guru", un tempo intoccabili nella loro torre di arroganza, si ritrovano improvvisamente sotto assedio. Le loro contraddizioni vengono messe a nudo, le loro bugie smascherate, la loro avidità e ipocrisia esposte alla luce del sole.

Imminente caduta

La rabbia e la delusione dei loro seguaci cresce di giorno in giorno. Si sentono traditi, ingannati, derubati non solo del loro denaro, ma anche delle loro speranze e dei loro sogni.

La battaglia per la verità è iniziata. La posta in gioco è alta: da un lato, la difesa della ragione, del pensiero critico e dell'integrità individuale; dall'altro, la perpetuazione di un sistema di sfruttamento e di manipolazione basato sull'inganno e la menzogna.

In questo scenario di scontro, emerge una nuova consapevolezza. Le persone iniziano a comprendere che la vera saggezza non si trova in facili promesse o in guru carismatici, ma nella ricerca autonoma, nella critica costruttiva e nel confronto aperto e sincero.

Il regno dei "Fuffa Guru" è in declino. Le crepe nel loro castello di illusioni si allargano, lasciando intravedere la luce della verità. Il loro potere vacilla, la loro influenza diminuisce, la loro voce si fa sempre più flebile.

IL VICOLO CIECO DEI FUFFA GURU TUTTI I PARTICOLARI DEL NEMICO DELLA MANIPOLAZIONE

La loro caduta è imminente. Il tempo dei ciarlatani è finito. È l'alba di una nuova era, un'era di consapevolezza, di critica, di libertà.

Un'era in cui le persone saranno finalmente libere di scegliere il proprio destino, senza essere ingannate da falsi profeti e venditori di fumo.

Un'era in cui la verità trionferà.

Mancanza di trasparenza

Nel regno dei Fuffa Guru, la trasparenza è merce rara. Le loro affermazioni, spesso apodittiche e prive di fondamento scientifico, si avvolgono in una nebbia di vaghezza e soggettività.

Le loro teorie, proclamate con enfasi e sicurezza, si basano su interpretazioni personalissime di dati e ricerche, anziché su solide evidenze empiriche. La verifica oggettiva delle loro proposte diventa un'impresa ardua, se non impossibile, lasciando spazio solo al dubbio e alla perplessità.

Questa mancanza di rigore metodologico e di accountability alimenta la sfiducia e il sospetto. Chiunque osi mettere in discussione le loro parole o richiedere prove concrete viene bollato come critico infondato o, peggio ancora, come nemico della loro "saggezza".

IL VICOLO CIECO DEI FUFFA GURU TUTTI I PARTICOLARI DEL NEMICO DELLA MANIPOLAZIONE

I Fuffa Guru si ergono a paladini del benessere e del successo, ma la loro disonestà intellettuale mina alle fondamenta la loro pretesa di autorevolezza. Come possono indicare la strada verso una vita migliore se essi stessi non sono disposti a seguire i principi di trasparenza e responsabilità?

La loro reticenza a sottoporre le proprie teorie al vaglio critico della scienza e del dibattito pubblico li rende vulnerabili alle accuse di frode e disonestà. Dietro la facciata di carisma e successo, si cela spesso un vuoto di contenuti e un'avidità di potere e denaro.

Inganno in dissolvenza

La nebbia dell'inganno inizia a diradarsi. Le persone, sempre più consapevoli e informate, non sono più disposte ad accettare ciecamente le parole di chi si proclama guru o maestro.

La richiesta di trasparenza e verificabilità diventa sempre più forte. È un grido di libertà contro la manipolazione e l'inganno, un anelito di verità in un mondo spesso dominato dalla confusione e dalle fake news.

I Fuffa Guru, con il loro castello di illusioni e mezze verità, saranno spazzati via dal vento impetuoso della ragione e del senso critico.

La luce della conoscenza illuminerà il cammino verso un futuro più consapevole e libero.

La monetizzazione smodata

Al tempo stesso, la monetizzazione sfrenata di ogni aspetto della loro "saggezza" diventa l'ossessione dominante, offuscando qualsiasi barlume di altruismo e di autentico interesse per il benessere dei loro seguaci.

Corsi a prezzi esorbitanti, consulenze individuali costosissime, prodotti miracolosi dalle dubbie proprietà: tutto è finalizzato all'estremo profitto, sfruttando la vulnerabilità e la speranza di chi cerca una via d'uscita dalle proprie difficoltà.

La dipendenza economica che si crea tra guru e seguaci è un circolo vizioso. I primi si arricchiscono senza ritegno, mentre i secondi si impoveriscono non solo materialmente, ma anche spiritualmente, perdendo la fiducia in se stessi e nelle loro capacità.

IL VICOLO CIECO DEI FUFFA GURU TUTTI I PARTICOLARI DEL NEMICO DELLA MANIPOLAZIONE

La rinascita è vicina

La sensazione di essere sfruttati e manipolati cresce di giorno in giorno. Le persone si sentono ingannate da chi, con il pretesto di aiutarle, le ha condotte in un vicolo cieco di debiti e frustrazioni.

Le critiche a questa avidità smodata sono sempre più numerose e accese. La monetizzazione diventa l'emblema della disonestà e dell'ipocrisia dei Fuffa Guru, smascherando la loro vera natura: non guide illuminate, ma abili mercanti di illusioni.

La corsa al profitto a tutti i costi mina alle fondamenta la credibilità e l'integrità di queste figure. Come possono predicare la saggezza e la spiritualità se il loro unico Dio è il denaro?

La loro avidità li rende vulnerabili alle accuse di sfruttamento e di ciarlataneria. La loro maschera di altruismo cade a pezzi, rivelando l'anima nera di un sistema che si nutre della debolezza altrui.

IL VICOLO CIECO DEI FUFFA GURU TUTTI I PARTICOLARI DEL NEMICO DELLA MANIPOLAZIONE

La luce della verità sta per spazzare via le ombre dell'inganno. Le persone, sempre più consapevoli e critiche, non sono più disposte a farsi ingannare da chi specula sulle loro speranze e sui loro sogni.

Un nuovo paradigma di crescita e di benessere è in attesa di essere edificato. Un paradigma basato sulla condivisione, sulla trasparenza e sull'amore per il prossimo, non sull'avidità e sullo sfruttamento.

La scintilla della consapevolezza

Nel regno dei Fuffa Guru, la consapevolezza critica è l'arma più potente per difendersi dall'inganno e dalla manipolazione. Incoraggiare il pensiero autonomo e la ricerca di informazioni affidabili è fondamentale per proteggere il pubblico dalle loro pratiche discutibili e ingannevoli.

Ecco alcune contromisure concrete:

1. Educazione all'analisi critica:
- Insegnare a discernere tra opinioni personali e dati scientifici.
- Sviluppare la capacità di valutare la validità di un'argomentazione.
- Promuovere l'uso del pensiero critico in tutti gli aspetti della vita.

2. Diffusione di informazioni accurate:
- Sostenere la produzione di contenuti scientificamente validati e facilmente accessibili.
- Promuovere la condivisione di informazioni affidabili sui rischi e sui benefici di diverse pratiche.
- Incoraggiare il dibattito aperto e costruttivo su temi controversi.

3. Rafforzamento del senso critico:
- Incoraggiare le persone a dubitare delle affermazioni che appaiono troppo belle per essere vere.

- Stimolare la capacità di individuare le trappole cognitive e i bias che influenzano il giudizio.
- Promuovere l'autonomia di pensiero e la responsabilità individuale.

4. Promozione di alternative etiche:
- Sostenere figure professionali competenti e trasparenti.
- Promuovere pratiche basate su evidenze scientifiche e principi etici.
- Offrire supporto e risorse per chi ha avuto esperienze negative con i Fuffa Guru.

La battaglia per la verità è iniziata

La consapevolezza critica è una scintilla che può incendiare la rivoluzione contro i Fuffa Guru. In un mondo dominato dalla disinformazione e dalla superficialità, è la chiave per difendere la nostra integrità intellettuale e la nostra libertà di scelta.

Incoraggiando il pensiero autonomo e la ricerca di informazioni affidabili, possiamo costruire un futuro più consapevole e responsabile. Un futuro in cui le persone saranno finalmente libere di scegliere il proprio destino, senza essere ingannate da falsi profeti e venditori di fumo.

La diga contro l'inganno: la regolamentazione e l'educazione

Le contromisure per proteggere il pubblico dai Fuffa Guru non si esauriscono nella promozione della consapevolezza critica. La creazione di un sistema di controllo e regolamentazione indipendente e la diffusione di informazioni accurate sono ulteriori tasselli di fondamentale importanza.

1. **Organizzazioni di controllo e regolamentazione:**
   - Istituzione di enti indipendenti per monitorare le attività dei Fuffa Guru.
   - Definizione di standard etici e professionali per la loro condotta.
   - Implementazione di sanzioni per le pratiche ingannevoli e dannose.

2. **Educazione e informazione:**
   - Promozione di campagne informative sui rischi e sui benefici dei diversi approcci al benessere.
   - Formazione di figure professionali competenti e in grado di fornire un supporto adeguato.
   - Educazione del pubblico all'importanza del pensiero critico e del discernimento

Il futuro nelle nostre mani

L'unione di queste due strategie può creare una diga contro l'inganno e la manipolazione dei Fuffa Guru. Da un lato, la regolamentazione indipendente garantirebbe un sistema di controllo e bilanciamento, tutelando i diritti dei consumatori e garantendo la trasparenza. Dall'altro, l'educazione diffusa fornirebbe alle persone gli strumenti per discernere la verità dall'inganno e per orientarsi autonomamente nel complesso panorama dei guru moderni.

In questo scenario, i Fuffa Guru si troverebbero ad affrontare un contesto più sfidante. La loro sopravvivenza dipenderebbe dalla capacità di adeguarsi a standard etici rigorosi e di dimostrare l'efficacia e la sicurezza delle loro proposte.

IL VICOLO CIECO DEI FUFFA GURU TUTTI I PARTICOLARI DEL NEMICO DELLA MANIPOLAZIONE

La costruzione di un sistema di protezione efficace richiede un impegno collettivo. Governi, organizzazioni no-profit, media e cittadini possono unirsi per contrastare la diffusione di informazioni false e dannose e per promuovere la crescita di una cultura del benessere basata sulla consapevolezza e sulla responsabilità.

Il futuro è nelle nostre mani. Insieme, possiamo costruire un mondo in cui i Fuffa Guru non avranno più spazio per prosperare, un mondo in cui le persone saranno libere di ricercare la propria felicità e il proprio benessere in modo consapevole e sicuro.

Il confronto tra verità e illusione

In questo capitolo, abbiamo scoperto le critiche mosse contro i "Fuffa Guru" e le possibili contromisure per contrastare le pratiche discutibili di queste figure enigmatiche e spesso pericolose. **La sfida è grande, ma il futuro del benessere individuale e collettivo dipende dalla nostra capacità di contrastare l'inganno e la manipolazione.** Incoraggiando la consapevolezza, la critica e la ricerca di informazioni affidabili, possiamo costruire un mondo in cui la verità trionfi sull'illusione e in cui le persone siano libere di perseguire la propria felicità e il proprio benessere in modo sicuro e responsabile.

CONCLUSIONI

Nel culmine di questo viaggio attraverso il labirinto oscuro dei "Fuffa Guru", ci troviamo di fronte a un crocevia cruciale: le conclusioni che emergono dalle profondità delle nostre analisi e riflessioni, e le riflessioni che si elevano come fari nel buio, illuminando il cammino percorso e indicando la via per il futuro.

Le principali idee discusse in questo libro ci hanno condotto attraverso un territorio intricato e misterioso, svelando le tattiche e le dinamiche di potere che animano il fenomeno dei "Fuffa Guru". Abbiamo esaminato da vicino le tipologie di queste figure discutibili, esplorato i motivi dietro la loro ascesa e analizzato gli impatti negativi che le loro pratiche possono avere sul pubblico in cerca di guida e supporto.

Tuttavia, in mezzo alle ombre e alle illusioni dei "Fuffa Guru", emergono spunti di luce e speranza: la necessità urgente di sviluppare un pensiero critico e una consapevolezza acuta delle dinamiche di potere e manipolazione che possono insinuarsi nelle relazioni tra guru e seguaci. L'importanza di interrogare, esaminare e mettere in discussione le affermazioni e i consigli dei guru moderni è cruciale per proteggere se stessi e gli altri da possibili truffe e inganni.

IL VICOLO CIECO DEI FUFFA GURU TUTTI I PARTICOLARI DEL NEMICO DELLA MANIPOLAZIONE

Ma se il cammino verso la consapevolezza e la critica è così chiaro e illuminato, perché spesso ci facciamo truffare dai "Fuffa Guru"? La risposta risiede in una complessa interazione di vulnerabilità umane e bisogni profondi che possono essere sfruttati e manipolati dai guru carismatici e manipolatori. Il desiderio di felicità, successo, appartenenza e significato spinge molte persone a cercare risposte e soluzioni al di fuori di sé stessi, aprendo la porta a manipolatori abili e senza scrupoli che promettono di soddisfare quei bisogni con facilità e immediatezza.

In questo contesto, il potere della consapevolezza e della critica diventa cruciale per proteggere se stessi e gli altri dalle trappole insidiose dei "Fuffa Guru". Sviluppare un pensiero critico, interrogare le fonti, verificare le affermazioni e fidarsi dell'istinto possono essere armi potenti nel confronto con coloro che cercano di sfruttare la nostra vulnerabilità per fini egoistici.

IL VICOLO CIECO DEI FUFFA GURU TUTTI I PARTICOLARI DEL NEMICO DELLA MANIPOLAZIONE

In conclusione, mentre ci avviamo verso l'orizzonte incerto e vibrante del futuro, portiamo con noi lezioni apprese dalle vicende dei "Fuffa Guru": la saggezza di guardare oltre le apparenze, la forza di interrogare le verità convenienti e la determinazione di coltivare un pensiero critico e consapevole in un mondo permeato da illusioni e inganni. Che le nostre riflessioni e azioni possano difenderci dalle lusinghe dei falsi profeti e condurci verso una via di autenticità, verità e libertà

NFORMAZIONI SULL'AUTORE

Luca Denaro, nato a Messinanel 1995, è un giovane chef di talento che coltiva segretamente una seconda passione: la scrittura. Tra pentole e fornelli, Luca trova rifugio nelle parole, dando vita a storie che spaziano dal fantasy al romance, dal thriller al realismo magico.

Le sue esperienze di vita, sia in cucina che fuori, si intrecciano nelle sue opere, donando loro una autenticità e una profondità che catturano il lettore. L'amore per la famiglia, i sapori della sua terra e le sfide del quotidiano si trasformano in pagine vibranti di emozioni e di vita.

Nonostante il suo vero mestiere sia quello di chef, Luca dedica ogni momento libero alla scrittura, perfezionando la sua arte e affinando il suo stile. Il suo sogno è quello di pubblicare un romanzo che possa toccare l'anima dei lettori e farli viaggiare in mondi immaginari indimenticabili.

www.ingramcontent.com/pod-product-compliance
Lightning Source LLC
Chambersburg PA
CBHW050325230526
45471CB00005B/2357